오이
박
오이

채운재 시선 179

# 옹이 박이

## 김현희 제5시집

무얼 크게 바라며 살아온 것도 아닌데 삶은 녹록지 않아
제 살 파고든 옹이가 아프다
바람 불면 바람 들고 비 오면 비가 새고 눈 오면 굳어버려
제 의지로 구부리지도 못한다

# 머리글

밤에 쓴 편지를 손에 들고
새벽을 맞는다

밤의 문장들이 꿈틀거리기 시작하면
종점에서 밤을 지새운 열차가
짐승의 마음을 기록한 부분을
짓밟고 지나간다

철로엔 문장의 백골들이 나뒹군다

비 온 후 포도 위에서
말라죽은 지렁이처럼
누렇게 뜬 나는
폭우로도 씻길 수 없는 마음으로
백골이 된 문장 속에 누워 있다

인생의 페이지마다
세상 살만한 단어들을
하나쯤 채워 넣기 위해
날마다 허공에 집을 짓는다
무인도에 열차가 달리듯이.

2024년 봄

김 현 희

**차례**

머리글 … 4

## 1부
## 그대는 지금 어떠신가요

| | |
|---|---|
| 그대는 지금 어떠신가요 | 12 |
| 살꽉을 들어서며 | 14 |
| 담벼락 | 15 |
| 옹이박이 | 16 |
| 불량주부 선언 | 17 |
| 나이테가 늘어가는 증상 | 18 |
| 개봉동 사람들 | 20 |
| 꽃 | 22 |
| 민들레 | 23 |
| 꽃샘에게 | 24 |
| 새벽길 | 25 |
| 망조 | 26 |
| 내 이름 | 27 |
| L 씨의 하루 | 28 |
| 나의 시는 | 29 |
| 순댓국집의 아침 | 30 |
| 몰두 | 32 |
| 하루의 무게를 헤아리다 | 33 |
| 빈 가지 | 34 |
| 다솔식구들 | 36 |

## 2부
## 한 조각의 우주인 너에게

| | |
|---|---|
| 촉촉한 질감의 시를 위하여 | 38 |
| 꽃병 | 39 |
| 봄의 도래 | 40 |
| 한 조각의 우주인 너에게 | 41 |
| 속엣말 | 42 |
| 은유가 아니다 | 43 |
| 그륵* | 44 |
| 일몰 | 46 |
| 잠시 키 큰 나무 | 47 |
| 인천 가족공원에서 | 48 |
| 생일 | 49 |
| 꼭두각시 | 50 |
| 산골 연가 | 51 |
| 수상소감 | 52 |
| 명품 인생 | 53 |
| 여전히 설렘 | 54 |
| 모정 | 55 |
| 첫눈이 오면 | 56 |
| 손길 | 58 |
| 겨울엔 강원도로 여름엔 제주도로 | 60 |

**차례**

## 3부
## 말 한마디에 눈물 두 방울

| | |
|---|---|
| 동목(冬木) | 62 |
| 회색빛 일기장 | 64 |
| 이태원 | 65 |
| 물-멍 | 66 |
| 모르쇠 세월 사십 년 | 68 |
| 말 한마디에 눈물 두 방울 | 70 |
| 부고 | 72 |
| 그녀가 나인걸 | 73 |
| 달팽이의 꿈 | 74 |
| 밥은 먹었냐 | 76 |
| 살다 보면 | 78 |
| 한풀이 | 79 |
| 삶이 힘겹다고 하면 | 80 |
| 겨울새의 노래 | 82 |
| 해후 | 83 |
| 소싯적 친구들 | 84 |
| 경부선 | 86 |
| 탈출 | 88 |
| 저 세월 | 90 |
| 말 가리기 | 91 |
| 겨울 햇살을 마시다 | 92 |
| 눈+사람 | 94 |

## 4부
## 바르르 떨릴 한 문장을 위하여

| | |
|---|---|
| 홀딱 | 96 |
| 2월 | 98 |
| 결혼 | 99 |
| 부부 | 100 |
| 그대가 좋다 | 101 |
| 선인장 | 102 |
| 납득을 바라다 | 103 |
| 주름에 대한 단상 | 104 |
| 바르르 떨릴 한 문장을 위하여 | 106 |
| 인생의 보풀 | 107 |
| 레인부츠 | 108 |
| 낙하의 계절 | 109 |
| 똥 우습게보지 마 | 110 |
| 또 또 또 | 112 |
| 갈대는 홀로 울지 않는다 | 113 |
| 오금에게 묻다 | 114 |
| 오늘을 위한 기도 | 116 |
| 겨울날 저녁에 | 117 |
| 가을이 왔당께요 | 118 |
| 이느 가을날의 회화 | 120 |
| 새벽이 오면 | 121 |
| 새해 소망 | 122 |

## 차례

### 5부
### 신들은 들으소서

| | |
|---|---|
| 어떻게 가야 하는 건가요 | 124 |
| 개봉동의 봄 | 126 |
| 조마조마 | 127 |
| 마음 수선 | 128 |
| 외롭다는 말 | 129 |
| 맞짱 | 130 |
| 커피 | 131 |
| 그런 사랑 | 132 |
| 퍼플섬 | 133 |
| 쑥대밭 | 134 |
| 간격 | 135 |
| 어느 날 문득 | 136 |
| 오래 사는 비결 | 137 |
| 태풍 | 138 |
| 붕어빵 | 139 |
| 지금은 아파도 | 140 |
| 붉게 타는 11월 | 142 |
| 칩거 | 143 |
| 바다, 울음바다 | 144 |
| 허수아비씨 | 146 |
| 신들은 들으소서 | 148 |
| 겨울밤 인사 | 150 |
| 새해의 기도 | 151 |

# 1부
## 그대는 지금 어떠신가요

## 그대는 지금 어떠신가요

먼 남쪽으로 내려와
이틀째 밤을 맞이했습니다
그대는
오늘 하루 어떻게 보내셨나요
마주했던 사람들과
활짝 웃는 날 되셨나요
수만 리 떠나오니
모든 게 궁금합니다

책보자기 둘러메고 학교를 오가던 길가엔
아직 꽃망울 터트리지 못한
벚나무들이 깜짝 추위에 떨고 있습니다
조금만 지나면 만면의 미소를 지으며
활짝 피어 손짓하겠지요
그대의 환한 미소처럼
그렇게 어여쁘게 피어나겠지요

밤이 깊었습니다
달님이 손에 닿을 듯 가까이 내려와 있습니다
달님을 톡 따다 베개 삼고
도란도란 달나라 이야기 나누고 싶습니다
나의 자장가가
그대의 머리맡까지 흘러
밤하늘의 별 이야기를 전해줄 수 있었으면 좋겠습니다

## 살팍*을 들어서며


어메
나 왔네

워따매
뭔 일이다냐 연락도 읍씨

연락하믄 기다린께
걍 왔제

여근 남쪽인디 으째 서울보다 춥다요
서울은 듬성듬성 벚꽃이 폈는디
여그는 한나도 안 폈네

인자 곤방 피제
싹 피믄 마진저수지 길이 겁나게 이쁘제

그란디 동네 가운데 저수지가 찰랑찰랑
쪼끄매져부렀네이
쩌그서 어렸을 적에 얼음 썰매 탔었는디

* 살팍 : 사립문의 방언

# 담벼락

스스로 치장하지 않아도
너는 화려한 꽃밭

너의 가슴에
장미가 안겼다 가고
능소화가 안겼다 가고
끈끈한 담쟁이가
너를 휘둘러 보듬고 있어

너의 정수리에는
새들이 모여 앉아 노래 부르고
저녁 해가 잠시 쉬었다 가지

바람이 세차게 부는 날
옷자락을 부여잡고 휘청거리며
지나가던 한 여자가
네 앞에 멈춰 서서 눈물짓는 걸 봤어

# 옹이박이

무얼 크게 바라며 살아온 것도 아닌데
삶은 녹록지 않아
제 살 파고든 옹이가 아프다
바람 불면 바람 들고
비 오면 비가 새고
눈 오면 굳어버려
제 의지로 구부리지도 못한다
저쪽 산의 나무들은 낭창낭창한데
이쪽 산에만 옹이박이가 즐비한가

## 불량주부 선언

살림의 반절도 못 챙기는
불량주부
허풍이라도 보태서
반지르르하게 기름칠해 보려는
부유스름한 새벽

알아서 챙겨 먹겠다고
찌개 데우고 계란프라이 하는
아들

빵 두 조각만 챙겨 달라는
남편

깐깐해 보이는데 허술한 데가 있거나
허술해 보이는데 깐깐하거나
살림이라는 것은
꾸려도 꾸려도 정답이 없다

## 나이테가 늘어가는 증상

목이 타 찬물 한 모금 마시다가
낯빛 벌겋도록 기침을 했다네
식도를 향하던 물줄기가
기도로 흘러 들어가
숨이 멎을 듯 목소리까지 쌕쌕댔다네

물 한 모금쯤이야
얼마나 우스운 상대인가
캑캑대는 기침 몇 번쯤이야
뭔 대수인가
등 몇 번 두드려주면
뚝 그치고 말 사레인데

길을 잘못 들어 내내 헤매던 일
사람을 잘못 만나 만신창이가 되었던 일
잠깐 한눈팔다가 허리나 다리를 삐끗했던 일
조금만 아주 조금만 신경을 쓰고
조심했더라면 아무 일 일어나지 않았을 것을
아차 하는 순간 이미 모든 일은 벌어지고 만다네

평생 피우던 담배
좀 더 피운다고
뭘 어쩌랴 하는 마음에
캑캑 가슴을 치고
잦은 기침을 내뱉으면서도
연기를 삼키고 뱉어내고 하시던
아버지는
끊으라니까 또 피웠냐는 핀잔을 듣고
연기 속으로 떠나셨다네

마음은 청춘이라고
아무리 핏대를 세워도
몸은 마음보다 앞서서 세월을 먹어간다네
나만 나이를 먹는다면 얼마나 서러울 일인가
세상 공평한 것이 나이이니
그저 그러려니 하고 산다네

## 개봉동 사람들

안양천 산책로가 붉은 꽃물결로 일렁이면
동네방네 사람들 다 나와 꽃물결보다
더 환한 웃음꽃 피우겠지

돔구장을 지나고 징검다리를 건너서
산책로 꽃그늘 아래로 숨어드는가 하면
천변을 걸으며 잉어 떼와 오리 떼의
자맥질에 넋을 빼앗기기도 하겠지

동네 터줏대감 할아버지 발걸음이
유난히 가벼운 건
사교춤을 배우는 중이라는 것과
이웃집 처자의 얼굴이 유난히 붉은 것은
한창 열애 중이라는 것을 수군수군
알게 되겠지

바람 따라 분분히 흩날리는 꽃잎 보며
적적한 마음이 드는 사람들끼리는
대학로 맥줏집으로 모여들어
꽃구경 사람 구경이 오히려 쓸쓸했다며
잔을 부딪치겠지

한 잔
두 잔
석 잔
술과 인생을 논하겠지

빈 술병이 늘어날수록 묵은 고뇌들이
하나둘 고개를 들겠지

그 고뇌가 내 것인 양 서로 어루만지다 보면
폴폴 정이 무르익겠지

# 꽃

시는
숨겨진 뜻을 헤아리려
현미경을 들이대기도 하지만
너는
속내를 알려고 애쓰지 않고
그냥
보이는 대로
느낄 수 있어서 좋다

# 민들레

돌 틈 사이
들풀 사이
조그마한 얼굴을 내미는
민들레

별이 송이로 피어나지 않듯
욕심부리지 않고 한 송이씩 피워내는
선량한 삶이라서
짓밟히고 짓이겨져도 살아나는
강인한 삶이라서

제 삶을 다한 별들이 내려와
민들레로 피어난 걸까

## 꽃샘에게

이제 그만 봄이게 하시게
갑작스레 불어댄 바람이
매화에
목련에
싸늘한 눈길로 내려앉아
꽃잎 떨구고 몽우리 닫게 하지 마시게
살풋 햇살 둘러 입고
치장하는 봄을 훼방하지 마시게
손 한번 맞잡고
입술도 한번 맞대는
그런 봄이게 하시게
사람들의 가슴속에 머물지 말고
칸칸이 쌓인 응어리들 앞세운
습습한 한 점의 바람으로 스치어
이제 그만 봄이게 하시게
마른 풀잎들이
푸른빛으로 빛날 수 있게
이제 그만 봄이게 하시게

# 새벽길

쳇바퀴 돌릴 하루를 위해
웅크린 새벽을 다그칩니다
아직 발길 닿지 않은 골목골목엔 입을 꾹 다문
바람이 어제 쏟아져 내린 한숨을 쓸고 갑니다
눈에 익은 별들이 깜빡깜빡 안식에 들어가고
밤을 흔들던 거친 꿈들은 허공으로 흩어집니다
사람들이 봄꽃으로 피어날 거리
움틀 준비로 꿈틀댑니다
하고픈 말들이 즐번합니다
부풀 대로 부풀어 더 이상 팽창할 수 없는
아침 해가 새벽 거리의 빈칸을 채우면
고요도 출렁출렁 세찬 물결을 이룹니다
백 미터를 달리든 마라톤을 하든
출발신호를 받은 사람들의 다짐을
새겨듣는 새벽길
오늘도 파이팅!

# 망조

고난의 사각지대를 차지하고서
남의 고통을 장난으로 여기면
몰상식으로 일관할 수밖에

뒷집 남자아이와 싸움을 붙여놓고
싸움을 붙인 그 남자아이 형이
나에게 발길질을 했을 때
울면서 집으로 와 아버지께 일렀을 때
당장 쫓아가서 한마디 해주었더라면
지금까지 그 기억을 상처로
뚜렷하게 담고 있지 않을 텐데

동네 남자들 점방으로 모여들어 도박으로
농한기를 보내고도 가정을 휘저을 때
어머니께서 한숨 섞어 내뱉으신 말
망조다
망조

# 내 이름

김현희라는 이름
만방에 떨치고 싶은 마음 간절하지만
마음이 간절하다고
다 이루어지는 것은 아니기에

현실을 직시할 줄 아는 사람으로 삽니다
인생은 가까이서 보면 비극이지만
멀리서 보면

희극이라는 찰리 채플린의 어록처럼
어느 인생이든 굴곡이 있기 마련
하루하루 주어진 삶에
감사할 줄 아는 사람으로 살고 있습니다

## L 씨의 하루

의료보험료가 예상외로 올라
꼬장을 부리면 재래시장 콩나물값 깎아주듯
깎아줄 거라고 공단에 쫓아갔다가 턱없는 소리라는
핀잔만 들었다고 침울해진 L 씨

오전 한나절 내내
오른 의료보험료와 요양비에 매달리다
고지서에 적힌 숫자 하나도 수정하지 못했다더니
전화를 해도 문자를 해도 묵묵부답이다

아직 움이 트지 않은 메마른 바깥세상을
두 눈으로 쓸어 담으며 가족이라는 울타리와
건강보험과 요양보험을 생각한다
브레이크 없는 삶
검은 구름에 적시고 비에 적시다
노랗게 말라가는 아버지 어머니
그리고 또 우리네 삶

L 씨한테서 문자가 왔다
그냥
둥글게 둥글게 살아가겠노라고

# 나의 시는

새벽엔
희미하게 밝아오는 여명의
발자국 소리를 적고

한낮엔
생동하는 도시의 얼굴과
회색빛 그림자를 적고

해가 지고 나면
종일 시달렸을
우주의 고단함을 적는다

## 순댓국집의 아침

밥그릇을 들어 두 손으로 감싼 남자가
밥그릇을 몇 번 흔들더니
팔팔 끓는 뚝배기에 털어 넣습니다
새벽부터 나와 국물을 끓인 주방장은
칠십이 훌쩍 넘어 보입니다
"반찬 부족하면 얘기해요"
그녀의 음성엔 반가운 느낌표가 두 개씩 달립니다
"첫 손님이라 반가워요"
남자는 후루룩 배를 채우느라 말이 없습니다
미처 치우지 못한 식탁엔 빈 그릇들이 즐비합니다
아침 햇살이 유리창을 비집고
꼼지락꼼지락 살갗을 간질입니다
창 너머로는 노인 돌보미 차량에서 젊은 남자가
늙은 여인을 안고 차에서 내립니다
재생되지 않는 사람의 나이
늙으면 누군가의 손이 필요해집니다
두 볼이 빵빵했던 시절
누구에게나 그런 시절은 달콤합니다
순댓국을 비운 남자가
신발을 구겨 질질 끌면서 아침을 떠나보냅니다

빈 하늘에 그저 감사하다는 인사를
남기면서

# 몰두

가속페달을 밟지 않아도
미친 듯이 흘러버리는 시간

무언가에 몰두하다 보면
도둑맞은 것처럼
서너 시간이 훌쩍 떠나버리고 없다

당구장에만 가면
하 세월인 남편의 시간도
눈 깜짝할 새겠지

순간순간 읽힐 새도 없이
떠나버린 하루

나는
그저 달팽이처럼 가고 싶다

## 하루의 무게를 헤아리다

땅거미 내려앉으면
무겁던 하루가 신음소리 토해내며 멀어져간다

새장 속의 새로 하루를 보냈든
씩씩거리며 우격다짐으로 하루를 보냈든
갈망하던 자유로 활개 치며 보냈든
별빛의 마중을 받을 때쯤엔
누구든
낮 동안의 모든 비행은 중지하여야 한다

호롱불 밑에서 구멍 난 양말을
백열전구에 씌워 꿰매시던 어머니처럼
찢긴 생각들은 곱게 박음질해야 한다

무심한 시간이 마음 구석구석 휘젓거나
잊지 못할 누군가 풀무질 해대면
조용히 눈을 감고
하루의 무게를 헤아린다

# 빈 가지

너의 모든 것을 드러내놓고
너의 모든 것을 내려놓고
너의 모든 것을 줘버리고
너는 빈 몸으로 울겠지

나는 너의 모든 것을 알고
나는 너의 모든 것을 받아 들고
나는 너의 모든 것을 기억하기에
너에게 감사한 마음뿐이지

너를 스쳐 간 바람
너에게 앉았다 간 새
너에게 향기가 되어준 꽃봉오리
너를 겨울꽃 피우게 한 눈
너를 씻기고 간 비
그리고
너를 움트게 한 모든 것들

겨울 들판에 빈 몸으로 서 있어도
너는
사계절을 품고
우주의 신비를 매달고 있구나

## 다솔식구들

언뜻 보면 허세 있어 보이지만
무척이나 여리고 따듯한 사람들
삶의 바닥을 훑기도 하고
이러저러 풍부한 경험이 있어
아량이 넓고 베풀기를 잘하는 사람들
아니
베푸는 것을 즐기는 사람들
정이 많아 인연을 내치지 못하고
다 끌어안느라 두 팔이 늘어지고
자신의 등이 굽어간다는 것을
모르는 바보 같은 사람들
살면서 누구나 쓸쓸한 적 있지만
푸른빛의 쓸쓸함을 함께 아우르는 사람들
사람은 겪어봐야 안다는 말이 있듯
겪으면 겪을수록
묵은 된장 맛이 나는 사람들
고마운 사람들

# 2부
# 한 조각의 우주인 너에게

## 촉촉한 질감의 시를 위하여

어둠에 적신 생각의 골이
수심 깊이 닻을 내리기 전까지는
정박할 수 없는 밤의 정점

아직 성장판이 열리지 않아
제대로 달리지 못하는 문장을 끌어안고
술 취한 코끼리 길들이기를 시도 한다

남자를 다루는데 서툴러
삼십 년을 넘게 살면서도
길들이지 못한 것처럼

글이라는 것
시라는 것이
펜만 들면 술술 매끄럽게 흘러가는 것이 아니라
남자 다루는 미숙함보다 더 난감하다

## 꽃병

꽃은 꺾는 게 아니라지만
나는 꺾인 꽃만 좋아해

장미 세 송이도 좋고
국화 몇 송이도 좋아
들풀도 괜찮아

오래도록 두고 보고 싶다면
말린꽃이나 조화를 꽂아 봐

하지만 나는
주로 생화를 좋아해
네 마음을 생긋한 향기로
가득 채워야 하니까

# 봄의 도래

삶의 궤적이 탐탁지 않다고 하여
지금까지 살아온 흔적을 모조리
물에 적실 수 없듯
오천 년 만 년 눈물로 얼룩진
언어의 날갯짓은 멈추지 않으리라

바람이 휩쓸고 간 심연을 다독이며
사랑으로 머물렀던 순간들을
초연히 익혀가리라

천 년의 방랑을 끝내고 다시 돌아오면
저마다 삶의 변곡점에 부표를 띄워
처음부터 그 자리에 있었던 것처럼
담담하게 노래하리라

# 한 조각의 우주인 너에게

이 시간
어딘가에서 잠 못 이루는 너에게 띄운다
굴곡진 삶으로 인해 뒤척이고 있다면
밤하늘 별들이 밤새 잠들지 않고
너를 위해 빛나고 있으니
슬퍼하지 마라

이 시간
밤눈 밝히고 있는 나는
가을 잎새들의 배가닥거리는 소리에 깨어
마음 가득 들어 찬 별들을
잠 못 이루는 너에게 보내려 한다

이 시간
잠 못 이루는 너나
밤눈 밝히고 있는 나나
퍼즐의 한 조각처럼 없어서는 안 될
한 조각의 우주
네가 없으면 나의 우주는 존재하지 않아

## 속엣말

무슨 생각이냐고
꼬치꼬치 묻지 마

난 마음에 있는 말
다해본 적 없어

사람이 한 세상 살아가면서
어떻게 하고 싶은 말
다하고 살아
때론
아린 가슴 짓누르며
사는 거지

사랑하는 마음
모진 마음
감추고 달래며 살다 보니
눈물 글썽이는 날 많아

# 은유가 아니다

결빙의 숲으로 간다
한동안 묶였던 발이 풀려
암탉에게 달려들던 성급한 수탉처럼
마음은 벌써 빙벽에 매달려
고개 숙인 고드름이다

위로만 앞으로만
나아가려는 발 달린 짐승에 비해
고드름은 얼마나 겸손하고 숭고한가

봄이 오고 있다고
겨우내 참았던 눈물을
한꺼번에 쏟아낼 때도
맑은 마음

얼어붙은
얼어붙어서 아름다운
결빙의 숲으로 간다
이것은 은유가 아니다
강원도로 간다

# 그륵*

그란께 나가 쓸 만한 그륵을
사 오라고 했냐 안 했냐

크고 단단한 그륵도 있긴 있었는디
사람들이 하도 괜찮다고 해싼께 걍 종재기 정도믄
되것다 싶어서 사부렀는디요
바꾸러는 못 가요
안 바까 준다고 했단께요
그륵 가게 주인이
한 번 사가믄 끝인께 잘 보고 사라고
누차 당부하긴 했는디 귀가 얇아서
큰 실수를 해부렀단께요

신신당부 할 때는 귀때기를 달고 있었간디
쩌그다가 뭣을 담겄냐
짜디짠 간장 한 숟갈밖에 뭘 더 담겄냐
딱 보믄 알아야제
쩌것을 으따가 쓴대냐

그란께 으뜸 사람들은 손가락에 장을 지지니
손가락을 자르니 허드만
고흐도 아닌디 이노무 얇은 귀를 짤라야 쓴다요

종재기는
절대 안 살라고 혔는디



* 그륵 : 그릇의 전라도 사투리

## 일몰

바람이 많이 불더라

마음을 헤집더라

불덩이 끌어안고

해 끝에 몸부림쳤더라

# 잠시 키 큰 나무

세상 과오의 책임은 모두 다른 이의 몫
한 번도
단 한 번도
자신을 다그치거나 돌아보지 않는 나무

세상 모든 것은 자신의 눈 아래 발아래에 있어
늘 행복하다고 입꼬리를 귀에 걸고 사는 나무

마음속에 검은 베일을 둘러 당최
그 마음을 열지 않으나 속이 뻔히 보이는 나무

바람이 두드려대도 휘청휘청 흔들릴 뿐
자꾸만 안으로 안으로 움켜쥐는 나무

눈 아래 나무들 햇볕 다 가리고도
한 번도 자신을 돌아볼 줄 모르는
소갈머리 없는 키 큰 나무

언제까지나 클 수는 없는 나무

## 인천 가족공원에서

사람들은

낮엔 세상을 눈여겨보고

밤이 되면 휴식을 취하려

눈을 감는데

어찌하여 당신은

대낮인데도

일어날 생각을 하지 않으십니까

# 생일

대한민국 중심도시
서울의 한복판을
당신 향한
열망으로 물들이는 중입니다

동짓달 스무아흐레 깊은 밤
이웃들 모두 문을 걸어 잠그고
눈을 붙이고
당신도 잠이 들고
나만 홀로 긴 밤을 돌돌 말아 쥐고서
광목천에 꽃물들이듯
당신을 그리는 밤입니다

어차피
물들이지 못할 당신인 줄 알면서
한밤을 지새웁니다

# 꼭두각시

형식에 지나지 않는 친절에
굽신거리는 저것
오가는 사람들의 손때에 절어
본래의 모습은 찾을 수 없고
차츰 우주의 미아가 되어 간다

꿈틀거리는 뜨거운 심장은
예나 지금이나 변함없는 속도로 뛰는데
눈과 귀와 입은 상실의 계절답게
꽁꽁 얼었다

눈으로 보고 귀로 듣고 느낀
심장의 신호를 입으로 발설할 수 없는
냉동의 계절

삽시간에 얼어버린 감정의 소용돌이
나도 한 번쯤 흠씬 취해
미친 듯 비틀거려보고 싶다

## 산골 연가

순백의 세상에서는 먹이를 찾아 마을로 내려오는
산짐승들의 발자국이 가장 슬프다

목 놓아 울어대는 겨울새들의 떨리는 울대도
산짐승이 걸어간 자리만큼이나 슬프다

인적 없는 거리엔
은둔자처럼 숨어들어 사는 사람들이
저녁 한 끼를 때우기 위해 아궁이에 불을 지피는지
굴뚝마다 회백색 연기가 폴폴 피어오른다

생솔가지에 불을 붙이는지 굴뚝 연기가 뻐끔뻐끔
딱
이웃집 복실이 오빠의 담배 피우는 모양새다

눈에 갇힌 동리 산골에서는
뻐끔거려도 멈추지 않는 굴뚝 연기가
풍경을 만들어내고 있다

# 수상소감

쟁쟁한 문단 선배님들의
주옥같은 수상 소감이 쏟아진다
차례차례 호명에 따라 단상에 오르고
창백한 마음으로 순서를 기다린다

예상하지 못했노라고
영광스러운 자리에 서게 해 주셔서 감사하다고
축하해주기 위해 자리를 빛내 준
문우들에게 감사하다고
그리고
보다 더 따뜻한 시선으로 세상을 바라보며
더욱더 울림이 있는 시를 쓰겠노라고

나는 그렇게 말했다

~ 제6회 배기정 문학상 수상식장에서 ~

## 명품 인생

어떤 사람들은 명품에 현혹되어 산다
물건만 명품을 좋아하는 게 아니고
스스로를 명품으로 위장하고 산다

불량 난 물건이야 사람 손을 거쳐 명품으로
거듭날 수 있지만 사람은 스스로가
목수가 되지 않으면 허물어진 마음에서
기거할 수밖에 없다

자기 안에 갇혀 숨 쉴 틈 하나 없는 좁은 공간에서
어른이 되기를 꺼려
교환도 반환도 할 수 없는
스스로만 명품인 사람

수없는 망치질과 사포질로 불량 난 부분을
다듬는 작업으로
스스로가 모자란 부분을 수리하는
불량품인 사람이야말로
진정 명품 인생 아닐까

## 여전히 설렘

수십 년 동안

곁눈질 한번 한 적 없고

신랄하게 누굴 꼬집은 적 한번 없는

당신

첨 만난 날

내 얼굴이 얼마나 붉었는지

당신 알아요?

# 모정

어떤 산술로도 풀 수 없는

맹목적인

사랑

그렇게 퍼주시고도

살뜰히 챙겨주지 못해

미안하다 하시네

## 첫눈이 오면

첫눈
그 단어에 얼마나 많은 사람들이
심장의 박동을 가속시키며
울렁대고 있는지
잠깐
맛보기만 보여주고 쓱 지나가버린
오늘 같은 날에도
젊으나 늙으나 첫눈 애기로
흥분을 감추지 못한다
사람들은 첫 이라는 글자에 예민하다
첫아들
첫딸
첫사랑
첫 만남부터 1일
의미는 부여하기 나름이지
하기사
나도
툭 털어놓지 못한
첫사랑이나 첫 만남이나
첫 이라는 글자가 주는

중압감에 짓눌린다
첫눈이 오면

# 손길

1.
 일찍 잠자리에 들어야겠다는 생각과 달리 티브이를 보다가 인터넷 뉴스를 훑다가 또 그것만으로는 헛헛한 마음이 들어 수필집 몇 장 읽었습니다. 여기저기 불빛들 꺼져 들고 초침소리 크게 들리는 걸 보니 밤이 깊긴 깊었나 봅니다. 아이가 늦게까지 잠들지 않으면 업고 방안을 왔다 갔다 하다가 아이를 뉘어놓고 여린 가슴을 토닥이며 <섬집아기> 노래를 불러주었었는데 그때 아이는 자장가 덕분에 단잠에 빠졌을까요?
 지금 두 눈이 말똥말똥한 나에게 누군가 자장가를 불러준다면 단잠을 이룰 수 있을까요?
 아이가 곤히 단잠에 빠질 수 있었던 것은 엄마의 따스한 손길이었겠지요.
 모성으로 토닥이는.

2.
네 집 내 집
번지수가 갈려
아들은 주말을 보내고 제집으로 내려갔습니다
있는 솜씨 없는 솜씨
부엌에서 이틀을 보내고
음식을 품었던
그릇들을 조심스레 정리했습니다

3.
손길
얼마나 따스한 단어인지요
따스한 손길이 만들어 주는 수많은 풍경이 떠오릅니다
오르막길에서 빈 박스가 빌딩처럼 쌓인 손수레를 밀어주거나
계단을 오르는 어르신의 무거운 짐을 들어주는 것
한겨울 밝은 햇살도 하늘의 손길이겠지요
어떤 삶도 따뜻한 손길은 필요합니다
작은아이 어렸을 땐 손을 잡아줘야 잠이 들고
잠들었다 싶어 슬쩍 손을 빼면 잠깨버리고
다른 사람 손을 쥐어주면
금세 알아채고 울던 기억이 납니다

4.
조용히 귀 기울이지 않아도
입술을 열어 말하지 않아도
두 눈을 크게 뜨고 확인하지 않아도
느낄 수 있는 그리움의 향연
여린 잎새에 나뒹구는 새벽이슬도
한낮의 햇살이 손 내밀면 눈물을 거둡니다

## 겨울엔 강원도로 여름엔 제주도로

겨울엔 강원도처럼 살아요
설경이 예쁘니까
사람들이 몰리잖아요

여름엔 제주도처럼 살아요
더우니까
사람들이 바다로 뛰어들잖아요

춥다고 강원도가
덥다고 제주도가
좌절하나요
무너지나요
유구한 역사로 흐르잖아요

우리도 그렇게 흘러가요

겨울엔 강원도의 마음으로
여름엔 제주도의 마음으로

# 3부
## 말 한마디에 눈물 두 방울

## 동목(冬木)

벗고 싶지 않았다
벗겠다고 안 했다
벗겨달라고도 안 했다
그러나
때가 되면
벗어야 한다는 걸 안다
원하든 원하지 않든
한 겹 두 겹 바람이
옷을 벗길 거라는 것을 안다
그저 먹이고 입히는 것만 아시던
어머니가 알면 크게 야단맞을 일이다
벗기려는 자를 가만두지 않으실 것이다

지탱할 그 무엇이 너무 많아
텅 비어 휘청거리던 시절
무성하던 더께들을 다 벗고 나면
채워질 마음

오늘은 어제보다
내일은 오늘보다
더 홀가분해질 겉치레
다 벗고 나니 비로소 내가 보인다

## 회색빛 일기장

페이지마다 가득한 얼룩
가시 하나쯤 뾰족할 만도 한데
그저 기력 없는 단어들이
포승줄에 엮인 수인처럼
고개 들지 못하고
숨 쉴 틈 하나 없이 빼곡히 채워진
젊은 날의 초상
세월에 등 떠밀려 표표히 흘러온
지난날을 위로하며
그렇게 시들어버린 청춘을
들여다본다

# 이태원

이랬으면 어땠을까
저랬으면 어땠을까
한 편의 드라마였으면
한 편의 영화였으면
그러봤자 소용도 없는 지도를
그리고 또 그린다

젊은 나이의 언니를 떠나보내고
십 년을 헤어나지 못했다
자식을 가슴에 묻은 부모들은
십 년이 아닌 백년도 생생할 거다

오늘이 언니 떠난 지
17년째 되는 날이다

언제 적 일인데
지금도 언급하냐고 물으면
언제 적이 일이 아니고
바로 오늘의 일이라고 말 한다
평생
생생한 오늘

# 물-멍

낚싯대를 드리우고
바다를 낚는 사람들을 본다

수시로 왔다 갔다 하는 입질에
환호성을 지르는 그들의 환희엔
아랑곳없이
허공에 줄을 던지면
아치로 다리를 놓는 낚싯대와 바다
그 사이에
크고 작은 비늘들이 낚인다

보다 더 센 놈을 기대하는
낚시터 풍경

다시 바다로 돌려보내지는
센 놈과 보다 더 센 놈
그것들은 상처를 안고 바다로 돌아간다

이 세상에 와서 수많은 상처를 안고
자연으로 돌아가는 사람들처럼

나는 낚싯대 하나 없이
바다를 낚는다

## 모르쇠 세월 사십 년

아무것도 몰랐다
그때 나는 중학생이었다
매스컴을 제대로 활용할 수 없는
도시와 차단된 섬마을에 살았다
아무도 얘기하지 않았고
얘기해주는 사람도 없었다
몰랐다
무슨 일이 일어났는지를

'광주사태'를 진압한 대단한 사람이
정권을 잡았다고
아버지는 나랑 동갑이네 하시며
껄껄 웃으셨다
친구가 성공이라도 한 것처럼 크게 기뻐하셨다

사십 년이 흘렀다
저 나쁜 새끼를 연발하시던 아버지는
이천 호국원에 묻히셨다
아버지랑 동갑인 그 대단한 사람은
중학생 때의 나처럼
아무것도 모른단다
아무것도 안 했단다

억장 무너지는 세월
사십 년
무지막지한 사람들에게
짓밟힌 서글픈 세월

## 말 한마디에 눈물 두 방울

불귀의 객이 될 때까지도
아니다 안 했다만 연발했던
할아버지를 대신해
그의 손자가 광주의 영혼들 앞에
무릎을 꿇었다
외투를 벗어 비석을 닦았다
참회의 눈물을 쏟았다
한 번도 진실을 말하지 않고도
뻣뻣하게 살다 간
조부와는 사뭇 다른
그래서 그를 대하는 광주의 마음은
따뜻했다
뜨거운 가슴으로 안아 주었다

한마디
단 한마디 사죄의 입놀림을 마다하고
영원히 묻혀버린 전범의 입

그 손자가
입증해 준 광주의 봄
오일팔

## 부고

하늘의 부르심이 황망하여 망자의 안부를
선뜻 전하지 못하는데
눈치 없이 눈은 펑펑 내려 겨우 새긴 안부를
지우고 또 지운다
욱여넣으려 해도 밀고 올라오는
천붕지괴의 설움
생이 다하면 하늘로 떠난다고들 하지만
하늘은 발 디딜 수 없는 아득한 땅
동백은 제 생을 마치면 고개를 꺾어 바닥을
피로 물들이는데 이생의 연을 끊은 아버지는
피와 땀을 몽땅 거둬 가신다
아비 없이 태어난 자식은 없기에
누구나 한 번씩은 무너져야 하는
아득한 땅 선명한 기억
모처럼 함박눈이 펄펄 날린다
하늘 향해 펄럭이는 만장처럼

## 그녀가 나인걸

그녀보다 더 감각적이고 순수한 사람을
본 적이 없다

눈매 가득 진실의 꽃망울들이 그렁그렁
바라보면 반짝반짝 빛난다

일 년 삼백육십오일 웃음을 읽어 내리는 여자

씨앗이 막 움터 올라오는 여린 새싹 같다가
날 선 억새 같기도 하지만 바람이 불지 않으면
억새가 날을 세울 일이 있겠는가

바람을 등치는 사람을 보고도 모진 말 한마디
못하고 전전긍긍할 때 있지만
사리 분별엔 도가 터 옳고 그름을 나열할 줄 안다

손 내밀기 전에 끌어당길 줄 알고
끌어당기기 전에 손 내밀 줄 안다

뭇사람들의 동공을 확장시킬 이력은 아니라도
나름의 이력은 순수 그 자체다

## 달팽이의 꿈

새벽마다
솟구치는 희망에 솔깃해서
달팽이의 꿈을 도외시하고
폴짝폴짝 뛰다 보면
새벽에 솟구쳤던 희망에 발이 걸려
넘어지기 일쑤다
급한 마음에 지나쳐버린 마음들
급하게 달리다가 긁힌 생채기들
그것들이 눈에 보이면
영혼은 끝없는 나락으로 추락한다

달팽이를 앞지르려 할 것이 아니라
뒤태를 관망하며
열심히 가야지

누가 또
나의 뒷줄에 서서
나를 관망할 수도 있으니
우울의 터럭은 말끔히 밀어야지

로또복권을 사서 일등 당첨을
기정사실로 현실화시켜
갖은 미화로 가득 찬 한 주를 보내다가
허무하게 무너지는 것 정도쯤이야

## 밥은 먹었냐

밥은 먹었냐고
인사를 건네는 사람은 안다
배 곯던 시절의 서러움을

남편과 아들의 밥을 먼저 푸고
부족하면 누룽지 박박 긁어
물 부어 끓여 먹던 어머니가 맘에 박혔고
어머니가 늘 하셨던 말이 귀에 박혀
인사가 되었다는 것을

너만 잘 살면 된다고 하셨지만
내 입만 챙기며 이기적으로 살라는
말이 아니었다는 것도 안다
세상사 맘 쓸 일 많은데
부모 걱정까지 하며 살게 하고 싶지
않았다는 것을

부모도 모르고 처자식도 등한시하고
아픈 이웃을 보고도 모른 체 하라는
당부는 아니었다

밥 먹었냐
바빠도 끼니는 꼭 챙기라는
인사 속에는 과거와 현재와 미래의
안부까지 다 들어있다는 것을 안다
지금은

# 살다 보면

사는 것 다 거기서 거기라고들 하지만
한세월 가는 길이 고우면 좋지
인생은 가지가지 모두가 달라
웃으며 가는 길을 택하고 싶지
살다 보면 울고 싶은 날 많지만
쨍하고 해 뜰 날 분명히 오지
사랑도 우정도 다 나 하기 나름
인생은 내가 엮는 한 편의 연극

사는 것 다 거기서 거기라고들 하지만
한세월 햇살같이 그렇게 살자
인생은 언덕 위에 바람이라지만
아무 일 없는 듯이 그렇게 살자
살다 보면 바람 찬 날 있겠지만
가슴 쫙 펴고 살날 분명히 온다
때로는 파도처럼 부서지더라도
인생은 희극으로 연출해야지

# 한풀이

그랑께
그때는 으째들 그랬는지 몰러
다들 그랬제
으매 그 소징한 시절
다시 살라고 하믄 콱 죽어 부러야제
인자는 얼굴도 잘 기억 안 나는디
그 문디 같은 인간을
믿고 속고 산 세월 생각 하믄 지금도
자다가 벌떡벌떡 일어 난단께

아파트 공원은 왁자하다

살아가면서 우리는 얼마나 많은
~같은 인간을 만나야 하는가
툭 끊어낼 수 있는 관계였다면 지긋지긋
치를 떨며 ~같은 인간이라고까지는
하지 않겠지

아무리 많은 세월이 흘러도
고맙고 그리운 사람으로 남아야지

## 삶이 힘겹다고 하면

누군가 갑자기
삶이 힘겹냐고 묻는다면
지금 저 사람이 힘들어하는구나 라고
생각하고 따뜻한 마음으로 안아 주세요
커피 한잔할까요
점심 같이 드실래요
라는 말을 하고 싶어도 마음이 아픈 사람은
선뜻 손 내밀지 못합니다
먼저 같이 밥 먹자는 말 건네 보세요

누군가 요즘 힘들지 않느냐고 묻는 것은
나 요즘 힘들어 위로가 필요해
그런 말이라는 것을 알아 두세요

혹시나
힘들긴 뭐가 힘들어
호강에 초 치는 소리 하네
그런 적 있나요

살아가는데 누구나
나름의 고초는 있는 것이니
미리 마음 쓰다듬는 연습을 해서
힘겨워하는 친구가 있거든
푹 쉴 수 있도록
아픈 마음 토닥여주세요

## 겨울새의 노래

황혼의 노을을 잠식해 가는
차디찬 바닷물에 하루를 담그고
다시금 동녘의 해가 빛을 발할 때까지
묵혀둔 침묵을 절여보리라

살아온 세월에
충천한 분노 삭아 없어질 때까지
절이고 또 절이리라

심약한 영혼 하나가 한겨울 허허벌판을
헤매다 자신만의 영토에서 잠들 때까지
무섭게 달려드는 저편의 먹구름 헤쳐내리라

터져 나오는 푸념 웃자란 보리 밟듯
꾹꾹 밟아 다져주고 겨울엔 날개 고이 접어
쉬게 하리라
눈 감아야만 느낄 수 있는 평화를 위하여
낮게 아주 낮게 내려앉으리라

세월의 깃털을 털어내는
늙은 새들을 위하여

## 해후

꽁꽁 얼었던 강물이 녹으면 널 만날 수 있을 거라 생각하고 있어. 아직도 바람은 송곳처럼 날카롭지만 우리가 만날 그날은 아지랑이가 지나간 자리에 꽃이 피고 잎이 파릇파릇해지겠지. 그날은 각자 어깨에 진 무거운 짐을 내려놓고 홀가분하게 웃을 수 있을 거야. 강물도 봄바람에 춤을 추고 우리도 춤을 추고 그런 좋은 날. 냇물이 모여들어 강물이 되듯이 한 걸음 한 걸음 다가와 너와 내가 우리가 될 수 있는 그런 날이야. 냇물이 흐르지 못해 강에 도달하지 못하면, 그런 건 상상 하고 싶지도 않아. 얼굴 없는 만남으로 안부를 주고받았던 기나긴 시간들을 한 데 모으는 날이랄까. 한 번도 의심하지 않은 얼굴을 보고 싶어. 자꾸만 자꾸만 늘어나는 주름이 하나 더 생기기 전에. 어떤 모습으로 만나도 반갑지 않을 수 없겠지. 수많은 사람들 틈에 끼어 있어도 금방 알아볼 수 있을 거야. 난 언제나 네가 궁금하고 보고 싶어. 우리 서로에게 빛이 되어 반짝이는 바닷길을 걸어보자. 출렁대는 파도의 노래를 따라 불러보고 갈매기들의 사연도 들어보자. 손을 꼭 잡고 걸어도 좋고 바람의 속살거림을 조용히 경청해도 좋고 끝이 보이지 않은 수평선을 향해 고래고래 소리를 질러두 좋고. 무얼 해도 다 좋을 거야. 너와 함께라면.

## 소싯적 친구들


추위가 몰려와
한껏 웅크리다 보니
한겨울 추운 줄도 모르고
나란히 서서 오줌발 겨누던
머스마 친구들 까까머리 뒤통수가 생각난다
코 묻어 반질거리는 옷소매도
허옇게 버짐 핀 얼굴도
누런 이 드러내며 해맑게 웃던 그때
그 목소리들이 자꾸 뒤돌아보게 한다
미처 물들지 못하고 떨어져
바스락대지도 못하고 발에 차이는
나뭇잎들은 계절 밖으로 떠난 친구들을
생각나게 한다

길거리를 나뒹구는 나뭇잎처럼
흩어진 낡은 기억들이
봄날의 새순처럼 돋아 올라
추위도 아랑곳 않고
빈터에 서 있다
가난이 버짐처럼 들고일어나

추위를 가리지 못하던 그때
그래도 우리는 웃었다

박제된 표정들이 도시의 거리를 활보하는
밋밋한 오후
바람이 세차다

# 경부선

해묵은 추억들
주섬주섬 풀어서
칸칸이 빈 좌석을 채워 놓고
살며시 창문 기웃대며
눈 맞춤 하자는
봄볕에게 먼저 말을 걸어야지

어디쯤 가고 있는지
세월의 물음엔 시치미를 뚝 떼며
침묵해야지

무작정 달리고 달리다 보면
지우고 싶었던
생의 얼룩 하나쯤 떨어져 나가겠지

그동안 흘렸던 눈물의 흔적이
지난 추억과 얽히지 않게
해맑은 미소를 짓다 보면
흠잡을 데 없는 완벽한 사투리가
사슴처럼 뛰어들어
기차를 서게 하겠지

무얼 바라 떠나왔는지 생각할 틈도 없이
틀림없는 제시간에
종착역에 나를 툭 떨쳐놓겠지

# 탈출

 그가 밀림 속으로 떠났습니다. 떠난다는 짧은 메시지 한 줄 남겨 놓고. 현실적 삶에 잠시 혼란을 느꼈으리라는 짐작 외에 알고 있는 건 아무것도 없습니다. 그는 늘 지그시 미소를 짓는 사람이었는데 어떤 표정을 하고 밀림과 하나가 되었을지 상상이 되질 않습니다. 아마도, 마음 깊은 곳에 박힌 수 없는 가시들을 맨손으로 제거할 수 없어 가시보다 더 날카로운 고통을 맞이하려고 고행의 길을 택한 건지 모르겠습니다.

 어디를 가도 따라다니는 그리움을 떨치지 못하면 숨 쉴 때마다 찔러대는 가시의 통증으로 인해 견디지 못할지도 모릅니다. 가시가 스스로 녹아내리지 않고 그 자리에서 썩어 고름이 되기 전에 밀림을 떠나 사람 숲으로 돌아오리란 기대를 합니다.

 사람 숲에도 조심해야 할 것들이 수두룩하지만 당장 이빨 드러내는 맹수는 없습니다.

아프면 아프다고
슬프면 슬프다고
말을 하십시오.
외로울 땐 노래를 부르고
기쁠 땐 손뼉 치십시오.

사람 숲에도 맹수는 있습니다.
그러나
그 맹수는 충분히 퇴치할 수 있답니다.
사랑의 힘으로.

# 저 세월

살아온 세월만큼의 허탈이
키재기를 하자고 한다
나의 키는 늘일 수 없고
허탈은 오늘도
제 폭을 넓히는 중이다
속이 텅 빈 공갈빵을 베어 문
입술엔 골바람이
허무를 뒤집어쓴 마른하늘엔
돌이킬 수 없는 과거가
다문다문 폐부를 찌른다

진한 주름의 골에 무심을 심은 남자가
곰의 겨울을 입력한 계획서를 내민다
밤새 추위에 떨다 나동그라지더라도
굳건하게 일어설 것이라는
강한 의지가 동면을 들썩이게 한다

# 말 가리기

내뱉어야 할 말과
내뱉지 않고 삼켜야 할 말을
구분하여 그렇게 행하고 산다고
장담하는 사람일지라도
입을 꿰매고 싶은 순간이 있었을 거다

상처가 될 말을 삼키지 못해 돌이킬 수 없는
일이 생기거나
꼭 해야 할 말을 삼켜버려
땅을 치고 후회할 일이 생기지 않도록
말은 가리기를 잘해야 한다

세상이 컴컴할 때라도

## 겨울 햇살을 마시다

창 넓은 카페 창가엔
햇살이 달려와 창틀에 걸터앉았다

만 가지 생각들이 떠다니는 한 잔의 커피
한 사람 한 사람에 대한 생각으로
향기는 갈수록 진해진다

헤이즐넛 한 잔
덩그러니 놓여있어도
겨울 창가는 온기를 잃지 않고
잔잔하게 흐르는 겨울 노래는
끊이지 않고 그리움을 읊는다

꽃은 햇볕 내리쬐는 양지에서
예쁘게 만개하고
사람은 사람의 마음에서 꽃을 피우듯
좋은 사람 한 사람만 떠올려도
따뜻한 시간

통창을 통해 쏟아지는
겨울 햇살
한 잔의 커피는 그대로 둔 채
겨울 햇살만 잔뜩 마신다

## 눈+사람

너를 향해
사랑이라는 단어를
단 한 번도 의심해 본 적 없는
내가
지금 바라는 것은
흰 눈이 펑펑 내리는 날
너에게로 가서
너의 가슴에
녹아내리는 눈이고 싶은 것
너의 가슴에 녹아
너와
하나가 되고 싶은 것

# 4부
# 바르고 떨릴 한 문장을 위하여

# 홀딱

실오라기 하나
걸치지 않은
알몸으로도
움츠러들지 않는 겨울 숲

한 점의 바람도
용납하지 않으려
겹겹으로 울타리를 세우고
채우고 또 채우려
무한의 욕망을 억누르지 못하여
짐을 늘려가는 사람들

여태 고생만 하다가 살만하니까
돈 한 푼 써보지 못하고
갑자기 세상을 떠나더라는
얘기는 한겨울을 더 춥게 한다

남의 일인 양 쯧쯧거리다가
내려놓지 못한
욕심의 무게에 짓눌린다

봄의 싹을 품고 있어
홀딱 벗은 겨울 숲이 슬프지 않듯이
켜켜이 쌓인 인생의 더께를
말끔히 씻어내고 봄을 맞이할 일이다

# 2월

걸어놓은 빗장을 풀 때다
빗장은 완연한 봄 이전
선득선득한 2월에 푸는 거다
누구도 허물지 못하게
탄탄한 벽을 쌓아
그 안에 머무르는 사람에게
봄은 봄이 아니다

2월은
산에도
들에도
사람들 마음에도
생동감이 들어차는 달
빗장을 풀지 않으면
생동감이 넘칠 수 없는 달

# 결혼

한 사람과 한 사람이 만나
죽을힘을 다해
인내하는 연습을 하는 것

포기하거나
돌아서지 않으려고
참으로 많이 삼켜야 하는 것

절구와 절구통
지게와 작대기처럼
하나가 되어야만
삶을 요리할 수 있고
바로 설 수 있는 것

젊어서나 늙어서나
오직 한 사람
든든한 기둥으로
기대게 해 줄 수 있는
관계를 맺는 것

# 부부

하나일 땐
둘이기를 간절히 원해서
하나가 되었건만
둘이 되고 나서는
하나일 때를 그리워하며
서로의 가슴에 못질하는 사이

늙어서
내 곁을 다 떠나도
남아있을 오직 한 사람
오래도록 길들여진
가장 편안하고 만만한 사람
오직 한 곳만 바라보는
그런 사람 그런 관계

# 그대가 좋다

곁에 있으면

어린아이의 세상처럼

순수해서 좋다

그대를 묘사할

다른 표현은 없다

너도 아닌

당신도 아닌

그대

그대가 좋다

# 선인장

나는
꾹꾹 밟아주면 더 튼튼하게 자라는
보리가 아닙니다

손대면 톡 터지는
봉선화 씨앗도 아닙니다

동네 어귀 느티나무에 매달아 놓고
오가는 사람들 누구나 툭툭 치는
샌드백은 더더욱 아닙니다

여린 속을 보호하기 위한 가시일 뿐
나의 가시는 날을 세우지 않습니다
건드리지만 않으면 찔릴 일 없습니다

## 납득을 바라다

도시에서 공항으로
비행기를 타고
비행기에서 내리고
수많은 발길을 빨아들이고
내뱉는 공항의 밤은 꺼지지 않는다

힘들어서
너무 힘들어서
목숨을 던지는 사람이 있는가 하면
공항 패션 뽐내며 수시로
비행기를 타는 사람들이 있다

이도 저도 아닌 나는
길가에 무시로 피어난 들꽃에게도
무한 감사를 표하는 사람
그런 사람들과 어울리고 싶다

## 주름에 대한 단상

누군가 나에게
얼굴에 바셀린을 바르라고 그런다
왜냐고 물으니
바셀린을 발라
주름살을 없애라고
나는 나의 주름살을 탓하지 않은데
누군가는 나의 주름살을 읽는다
나는 여전히
설레는 순간이 있고
뜨거운 입맞춤의 순간을 떠올리며
그때의 순간에 머물러 있어
나이나 주름은 생각하지도 않는다

거울 속의 내 모습이 어제 다르고
오늘 다르다는 것은 알지만
내 마음속엔 아직 떨어지지 않은
꽃봉오리가 향기를 풍기고 있다는 것을
굳게 믿고 있다

내 눈에서 사랑의 불꽃이 튀던
그래서 가슴이 울렁거리던
그 순간
지금도 그 순간은 영원하다

## 바르르 떨릴 한 문장을 위하여

나와 마주한 모든 사물의 껍데기를
벗기고 싶다
낯선 그것들의 속을
세세히 들여다보면
그 속에 낯선 단어들이 숨어 있겠지
낯선 그것들에게 확대경을 들이대면
비로소 시의 먹잇감을 찾을 수 있겠지
깎았다가 붙였다가
붙였다가 깎았다가
잘 빚은 도자기처럼
빛나는 한편을 위해 지웠다가 덧붙였다가를
무한 반복하다 보면
소름 돋도록 완벽한
한 편의 인생을 엮을 수 있겠지

## 인생의 보풀

한 줌의 머리칼을 싹둑 잘리고서
수없는 밤을 악몽에 시달리다
우울증까지 얻었던
어느 해 유월을 생각하면 지금도 섬뜩하다

보풀 가득한 스웨터 여러 장을
버리면서 미련으로 끌어안고 있던
인생의 보풀까지 싸잡아 버렸다

돈 나가는 그림 한 점보다
더 값나가는 시 한 편을 써보려
애면글면한 것도 아닌데
편두통이 가시질 않는다

함부로
말하지 말고
함부로 행동하지 말 것
안에 들어가 보지 않고 다 아는 것처럼.

## 레인부츠


긴 장마 예보에 물에 젖고 싶지 않아
쿠팡을 뒤적거려
눈에 띄는 색깔의 롱 레인부츠를
찜했다

첨벙거려도 마냥 신났던
동심은 떠났고
물 한 방울 튀기는 것도 용납 못 하는
세상에 산다

짧거나 길거나
레인부츠들이 지나간다

고무신 안으로 물이 들어와
미끄덩거려 비척비척하는
어린아이도 지나간다

흙탕물을 튀기며 쌩 도망가는
자동차 뒤꽁무니에 주먹을 날렸다가
거둬들이며 마음의 넓이를
가늠해 보던 날까지

# 낙하의 계절

낙하하는 것은 슬프다
적멸의 순간을 예견하지 못한 시월의 웃음들이
모조리 떨어져 나간 뒤 퍼붓는 폭우는
쉬 잊고자 함이 아닌 영면을 위한 기도의
눈물이다
추락을 막을 수 없는
날개 없는 것들의 난감함
두 팔을 내밀어 허공을 보듬으면
허무로 가득 찬 가슴

청귤차를 끓였다
설탕을 범벅 하여 담갔는데도 씁쓸하다
제주도에 사는 지인이
시퍼런 청귤 한 상자를 보내면서
청귤차가 건강에 좋다는 말만 했다
쓰디쓴 눈물의 씨를 발라내고
자꾸만 아래로 향하는 중력에 항거한다

인천가족공원엔
혼자 술래가 되어 떨어져 누운 별들을
찾아보기 위해 사람들이 몰려든다

## 똥 우습게보지 마


허튼소리 하면 똥 같은 소리라고
힐난을 한다
똥 우습게 보면 큰코다쳐
사람이 살아가는데 똥이 얼마나
중요한지 알기나 해
날마다 보고 싶은 게 똥이지
이틀만 못 봐봐
배가 살살 아플 걸
사흘을 못 보면 보고 싶어 환장할 걸
일주일 못 보면 어떻게 되냐고
아파서 온몸을 뒤틀다가
병원으로 실려 가거나
죽을 둥 살 둥 하겠지
그러니 온갖 하찮은 것에 비유하지 말라고
날마다 보고 싶어 하면서
그것도 잘 보고 싶어 하면서
똥을 못 보면 배가 아프면서
허튼소리 지껄이면 똥 싸는 소리라고 하지 마
제대로 똥 싸는 소리가 얼마나
시원하고 통쾌한데 그딴 허튼소리에

비유를 해
똥 싸는 소리 우습게 말하지 마
똥이 앞에 붙으면 다 듣기 싫은 소리지
똥칠 똥개 똥배 똥통 똥손 똥주머니
똥 밟았다고도 하는데
허튼소리 하는 그 입이 똥보다 못한 거지
똥 못 싸면 죽어

## 또 또 또

아침에 먹고
점심에 먹고
저녁에 먹어도
내일이면
또
밥을 찾듯이

어제 보고
오늘 보고
아까 봤어도
또
보고 싶은
너

# 갈대는 홀로 울지 않는다

 푸른 것도 아니고 누런 것도 아닌 숲길에서 누군가를 만나면 덥석 손을 잡고서는 바람에 밀려 그렇게 되었노라고 채 물들지 않은 단풍 같은 얼굴로 흔들리겠네. 쭉 혼자 걸어온 그 길에서 사람을 만나 앞뒤 잴 것도 없이 그리 되었노라고 내가 걸어온 먼 길을 알려 주겠네. 갈대가 울고 가을강도 울고 그 울음소리가 새들의 노랫소리를 삼켜버린 늦은 오후의 갈대밭 이리 휘청 저리 휘청 바람 따라 흔들리다 인기척에 너무 반가워 두 손을 내밀었다고 그렇게 말하려네. 진하게 색칠해 놓은 저녁 해를 삼키는 서산마루 참나무들이 아가미를 크게 벌려 하루를 먹어 치우는 걸 본다네. 푸른 것도 누런 것도 아닌 갈대숲이 벌겋게 달아올라 연지곤지 찍었던 그 시절의 얼굴을 떠오르게 한다네. 그 길은 언제까지나 그렇게 붉게 타올랐으면 좋겠네. 너도 울고 나도 울고 갈대도 울고 가을 강도 울어 누구도 외롭지 않은 가을이면 좋겠네

## 오금에게 묻다


극성으로 몰아치는 바람
미친 듯 쏟아붓는 비
거침없이 내닫는 사람들
광끼는 저들이 뿜어내는데
그대는
무엇이 그리 두려워서
평생 오그리고 저리며 살아갑니까

철철 넘치는 강물에서도
오리 떼들은
자맥질에 여념이 없고
천둥과 번개는 하늘의 죄인데
두려움은 왜 항상 그대 몫이어야 합니까

가끔은 부끄러워서
깜깜한 밤이 좋을 때
누구도 알지 못했으면 좋을 때
그대의 저림을
도용합니다

얼마나 더 납작 엎드려야
저리지 않게 살 수 있습니까

## 오늘을 위한 기도

새벽녘 눈을 뜬 우리의 고백이
청개구리의 몸놀림으로 갈무리되지 않기를 바랍니다
숱한 언어의 낱알들이 쏟아지던
밤의 정원이 먼 과거로 칩거하지 않기를 바랍니다
무심으로 생을 연명한다는 사람도
때로는 외로움에 떨며
누군가의 옷자락에 매달리고 싶을 때가
있을 것
새벽녘 그 고백이
노을 지는 저녁까지 유효하길 바랍니다
그 소망 버리지 말길 바랍니다

단 하나의 빛으로 온 우주를 설레게 하는
아침 해의 숭고함을 해코지하고자
짙은 안개가 시야를 막막하게 할지라도
오늘 하루 날카로운 우주의 파편으로
살지 말기 바랍니다

새벽길에서 노을 길까지
소망을 품고 가시길 바랍니다
그 소망 이루시길 바랍니다

## 겨울날 저녁에

점 하나에 안주하다
선을 긋지 못하면
면을 세우지 못함이니
그저 스치고 지나도 될 일에
연연하여
하루를 그르치고
인연을 저버리는 일이 없도록
달과 별을 향한 그리움을
시로 쓴다

## 가을이 왔당께요

가을이 왔당께요
가을이 지 혼자 왔간디요 수많은 무리들을 앞세우고 왔당께요
하늘
바람
쓰르라미
고추잠자리
가을꽃들

가을이 왔당께요
가을이 살짝 온 것이 아니고
지 맴을 뒤흔들며 왔당께요
뒤숭숭해진 맴은
여러 번 당했음시렁도
또다시 두근두근 설렌당께요

가을이 풍성한 모습을 하고 왔당께요
맴이 가난한 사람들에게
맘껏 풍요를 누리라고
눈 두는 곳마다
결실로 출렁 거린당께요

가을이 왔은께 참으로 좋단께요
월매나 기다렸간디요
첫날밤 집 나간 서방도 이리 기다리지는
않았을 건디요
가을이 왔은께 인자 가을 시를 써 부러야지요

## 어느 가을날의 희화

꾹 다문 입술을 바라본다
도저히 열리지 않을 것 같다
한숨으로 갈무리하고
홀로 터벅터벅 신작로를 가로질렀던
어느 해 가을 저물어가던 노을을 그려 본다

한 번도
생각의 갈림길을 염두에 둔 적 없기에
그게 사랑이든 우정이든
한 길만 바라보며 걸어오다
무섭던 신념을 허물어야 했던
그 가을날의 붉음을

아직도 선명한 기억으로 남아
선득한 바람이 불면
핏빛으로 번지는 저녁노을을
바로 보지 못하고
데면데면한 사람과 사람 사이
웃음의 빛깔을 치장한다
그런 가을날이 떠오르게 하는 바람이
또 밀어닥친다

# 새벽이 오면


현아 너의 호수에 배를 띄워라
호수의 물결을 잔잔히 드리고

현아 너의 뱃전에 깃발을 달아라
사랑이라는 글자가 펄럭이도록

너의 노래는 허공에서만 맴돌지
아무도 듣는 이 없으니

너의 사랑을 눈치챌 수 있게
너의 호수에 배를 띄우고
펄럭펄럭 사랑의 깃발을 달아라

뱃전에 서서 두 손을 흔들며
크게 소리쳐라 사랑이라면

# 새해 소망

아프지 마라한들 고통이 없겠소만
애타는 마음으로 해줄 수 있는 말은
그것이 전부인 것을 무슨 말을 더 하랴

예기치 못했으니 피할 수 없었던 일
양손을 곱게 모아 간절히 비옵나니
무슨 일 있었더냐며 쓰다듬어 주시길

하느님 계신다면 내려봐 주시옵길
내일에 희망 걸고 오늘을 채찍하며
열심히 살고자 하는 민초들의 눈물을

# 5부

## 신들은 들으소서

## 어떻게 가야 하는 건가요

나는 걸어가는데
세월은 바퀴 자국 지우며 쏜살같이
굴러갑니다
앞만 보고 가라고 해서 앞만 보고 가면
옆도 뒤도 볼 줄 모르는 얄팍한 사람이라고
핀잔을 주고 옆을 살피고 뒤를 돌아보면
진취적이지 못하다고 합니다
그래서
그냥 갑니다
더 넓히지도 좁히지도 않고 지금껏 걸어왔던
그 보폭 그대로 그냥 갑니다
세월과 함께 스친 인연을
스치고 지난 수많은 것들을
다 기억할 수는 없습니다
다 기억하지 못한다고 한탄할 일도 아닙니다
무시로 변하는 것들은 변하는 대로
그냥 스치면 됩니다
막막한 순간에 크게 울려줄 징 하나는
가슴에 품고 삽니다
마음에 날카로운 모가 생길 때 둥글게

마모시켜 줄 커다란 징채 하나 있습니다
구르지 못하고 걸어가다 보니 많은 것이 보입니다
갈대숲이 노래하고 새들이 노래하고
강물이 노래하고 바람이 노래하는
음표들의 세상을 봅니다

## 개봉동의 봄

-조조영화 보러 갈까요

서울의 봄

영화는 끝났고
영화 보러오길 잘했지 않느냐고
나는 초반에 좀 졸았다고 했다

-그게 졸 영화든가.

## 조마조마

지난겨울 어디쯤엔가 두고 온
비루한 인생 한 줌
그것만은
발각되지 말아야 할 텐데

실개천 언덕 위
새순이 틀 때까지
꽃술 바람 타고 훨훨
원앙의 자태로
피어날 때까지

한 사람을
마음에 심었다는 것도
들키지 말아야 할 텐데

# 마음 수선

가끔 내가 무척 싫어진다
그러다가 또 애틋하기도 하여
가슴 쓸어내리며
눈물 쏟는다
수선집에 나를 맡겨 싫어진 부분을
초크로 짝 그어 가위로 싹둑 잘라내고
덧붙여야 할 것은 덧대어
미싱으로 박음질 몇 번 왔다 갔다
단단히 박아
틀어지거나 터지는 일 없게
수선하고 싶다

## 외롭다는 말

아무렇지 않게
외롭다는 말 내뱉으면
외로움은 꼬리를 물고 달려들어

수천수만의 반짝이던
별들을 머금은 바다가
시치미를 떼며
쉼 없이 파도를 일으키는 동안
파도 따라 부서지다 보면
수천수만의 별들 중
하나가 되지

한 번도 외로운 적 없는 것처럼
반짝반짝 빛나게 돼

## 맞짱

맞짱
참으로 솔깃한 단어다
아무나 뜰 수 없고 아무에게나 뜰 수 없는
맞짱
애살맞은 구석이 있어 자연에라도 살짝
항거해 보고 싶은 똘끼
비가
눈이
한파가
도전장을 내밀면 나간다
당장에라도

# 커피

향기만 마실 것을 입술만 맞출 것을
와인도 아닌 것을 보약도 아닌 것을
멋대로 마셨더니만 겨울밤을 지샜네

대추차 둥굴레차 유자차 얼그레이
이름도 멋들어진 우리 차 많더라만
긴긴밤 뒤척일 줄을 모르고서 마셨나

쥔장께 주문할 때 카페인 없는 건가
몇 번을 물었건만 시커먼 그것 한잔
온밤을 **빼앗기고서** 땅을 치고 후회 하네

## 그런 사랑

어렸을 땐 몰랐던 사랑
나를 기억하고
나랑 함께 걷고
내가 흔들렸던 나의 과거는
멈춰있고
첫사랑의 설렘 같은
그런 사랑이 왔다
위로와 배려를 싣고 왔다
내가 아파 힘들어할 때
치유가 되는 사랑
내가 기뻐 노래할 때
박수를 보내주는 사랑
뜨겁게 입맞춤하거나
온밤을 불태우는 그런 사랑이 아니라도
마음이 둥둥 구름을 타는 사랑이 있다
그런 사랑에 빠졌다

아버지는 나를 낳으셨고
아부지는 나를 사랑으로 품으셨다

## 퍼플섬

보랏빛 별들이 총총 박혀 있는
보라보라 신안 퍼플섬엔
아스타 천지입니다
신비의 꽃
신비의 섬
보라로 물들인 작은 섬엔
무수히 많은 이야기가 숨어 있습니다
신비스러운 그 이야기들은
퍼플섬에 들어가야만 들을 수 있습니다

보라보라
보라색을 좋아해도 외롭지 않습니다
외로움이 뭔지 다 겪어보았으니까요
아스타로 뒤덮인 그 섬엔
바닷물이 출렁이는 새벽에 가십시오
훤히 갯벌이 드러나는 한낮엔
게들이 느릿느릿 게으름을 피우거든요

# 쑥대밭

친정집 마당에 살포시 나비가 내려앉아
날개를 접었다 폈다 부채질하고 있었다
나는 그 나비에 의미를 부여하고 싶었다

아버지는 나비를 좋아하셨다
아버지는 여섯의 나비를 키우셨다
유독 세 번째 나비에게만 훨훨 날라고
부채질하셨다

젖은 날개로 파닥거리는 다른 나비들은
산으로 들로 날개를 말리러 다녔다

훨훨 날개를 펼치던 나비에게
문서가 넘어간 땅은 십 년째 방치되어
한 발짝을 내딛기도 힘들게
쑥대밭이 되었다

사람 키만큼 자란 풀들을 두 발로 넘어뜨리며
젖은 날개로 쑥대밭을 짓밟고 다녔다

쑥이 하늘 닿게 자라 꽃을 피우면
나비가 날개를 펼칠까

# 간격

크나큰 나무들이 따닥따닥 붙어서
자라는 것 보았는가

헐렁헐렁한 간격을 두고
가지를 마음껏 펼치지 않던가

적당한 거리를 자로 잴 수는 없지만
삶의 지혜를 발휘하면
적당한 간격을 유지할 수 있지 않겠는가

발등 찍히는 일이나
뒤통수 맞는 일이 다 간격을
유지하지 않아서라는 걸
왜 모르는가

## 어느 날 문득

어느 날 문득
백발이 성성한 머리와 양쪽 불균형인
어깨를 짊어진 당신의 뒷모습을 보았습니다
어둠이 채 걷히지 않은 새벽길
현관문을 나서는 뒷모습에
가슴이 쿵 내려앉던 날
당신
참
고생 많았구나
공동체 운명으로 출발했으면서
나는 왜 매양 당신 탓만 했는지 모르겠습니다

당신 덕분에
지금껏 무탈하게 살아왔다는 것을
모르지 않았으면서

지금은 당신의 뒷모습을 봅니다

# 오래 사는 비결

둔감이
무엇인지
알 리가 없네

예민한
마음에선
평화가 못 산다니

눈감고
살아 보려네
만수무강 위해서

# 태풍

야성을 드러내는 것들은
주로 밤으로 모여든다
누구에게나 공평하게 주어진
신의 섭리를
저축하든 자축하듯 쏘아 올리지 못한 여름이
쉬이 떠나기 아쉬워 훼방을 놓는다
모두가 안식에든 깊은 밤에
내륙을 관통한단다
뒤통수를 친단다
야비한 것

# 붕어빵


달달한 잉태
태아 때부터 이미 이름이 있어
꿀떡이

익어 부푼 붕어빵이 품고 있는 팥소보다
더 달달한 그 이름

만삭이 된 엄마의 배는
얼마나 탐스러운가

붕어빵에 붕어는 없지만
아버지와 아들 사이엔
붕어빵이 존재한다

# 지금은 아파도

너도 나도 사람인데
이럴 수도 저럴 수도 있지
아무러면 어때
이 순간도 다 지나가는 것인데

불면에 시달리며 긴 밤을 허우적대지만
여명이 나발을 불면 아침이 찾아오고
모진 바람에 휘청거리다가도
햇살 포근한 날을 맞이하는데
힘겨운 순간도 다 지나가지

까마득한 굴속에서도
출구에서 비치는
서광이 분명 눈부시게 할 것인데

깜깜한 어둠 속이면 어때
잠깐 눈감고
어둠이 되면 되지

사람에게 일어나는 수많은 경우의 수
그거 너이듯 나이듯
누구면 어때
그럴 수 있는 일
다 지나가겠지

## 붉게 타는 11월

어떤 육시랄 놈이 여기다 담배꽁초를 버렸냐고
혼잣말로 성을 내는 미화원 할머니의 성화가
콕콕 박히는 정오의 허기진 시간
채 물들지 못한 나뭇잎들이 툭툭 떨어져
구르다가 밟히다가 제 생의 연민에 절어
흠씬 젖어버린 11월의 첫날
작은 공간에서 배송 접수만 받는
고척동 우편취급소에 간다
먼 곳으로 아주 먼 곳으로 짐을 부치며
언제 들어갈 건지 비용이 얼마인지
꼬치꼬치 묻는 사람들을 기다려
시집 세 권을 부치고 나왔다
11월
가을이 어떻게 읽힐지
모호한 의문을 남긴 채
속히 물들어 간다

# 칩거

요염한 여인으로 살고자
애쓰지 않기로 했소
언감생심
그런 생각도 하지 않았소

그래도 그렇지
12월을 맞이하고 보니 깊은 물 속에
푹 빠진 것마냥 숨이 턱 막히오

새벽에 일어나 거울 보니
가관이 따로 없소
몰골을 일일이 나열하지 않아도
충분히
짐작을 하실 것이오

거울은 누가 만들었는지

# 바다, 울음바다

삽시간에 밀려들어 드넓은 갯벌을
침수시켜 버리고는
시치미를 뚝 떼는 저 바다 바닷물
물때를 잘못 알고 미처 빠져나오지 못한 사람들의
종말을 야기 시키기도 하는 참혹한 바다

바다처럼 넓은 마음 바다처럼 넓은 아량
수많은 언어로 바다를 칭송하지만
밀물은 쏜살같이 밀려들어 갈피를
못 잡게 하기도 한다

바다로 양식을 구하러 나갔던 이웃집 아제는
수십 년이 지났어도 행방불명 상태다
허름한 차림에도 늘 얼굴에 웃음을 띠던
이웃집 아제의 부재는 한때 동네를 흉흉하게 만들기도 했다
죽을 팔자였다 거나
그 집 여자가 재촉해서 바다로 내보냈으니
그 집 여자가 잡아먹은 거나 다름없다거나
어딘가로 떠밀려 기억을 잃고 낯선 세상에서
잘 살고 있을지도 모른다는
추측들이 난무했다

다 품어 안는다는 바다 모든 걸 내어준다는 바다
텅 빈 갯벌을 향해 몰려오는
폭도의 함성 같은 사나운 아가리를 보았다면
칭송할 수 없는 문장들

문득 떠오르는 어머니의 목소리
아가 물가에 가지 마라
이웃집 아제 바다가 삼켜버린 것 알지야

## 허수아비씨

허수아비씨
당신 왜 그래요
누가 당신더러 속 빈 강정이라고 하던가요
그래도 그렇지
축 늘어져 있으면 날아든 참새는 어째요
지나가는 사람들 말에
귀 기울이지 말아요
그저 스치는 바람일 뿐인 걸요
속닥속닥
이간질하다가 틈새를 벌리지 못해
안달하는 게 바람이거든요
잘 여문 곡식이나
해를 들이고 바람을 막아주는
비닐하우스를 갈기갈기 찢어놓고는
시치미 뚝 떼는
그게 바람의 속내거든요
허수아비씨
지나가는 사람들 말 다 귀담아듣고
휘청거리다가 넘어지는가요
나락이 노랗게 익어 곡식이 될 때까지

참새를 몰아주고 풍경이 되어주고
거기 서 있기로 한 것 아니었나요
바람은 솔솔 솔깃하기도 하지만
미쳐 날뛰기 일쑤거든요
바람의 시샘에
휘청거리다 넘어지지 않게
마음 단단히 붙잡고
가을을 익혀 봐요

## 신들은 들으소서

우주를 총괄한다고 자부하는
모든 신들께 아룁니다
인류는 하늘을 머리에 이고 땅을 밟고 사는
지극히 정직한 존재들입니다
사람들은 하늘이 하는 일
땅이 하는 일을 맘대로 조종할 줄 모르는
나약한 존재들입니다
신을 믿는 자든 믿지 않는 자든
위험에 처하면 신을 부르고
신을 원망하기도 합니다
지금 지구촌 곳곳에서 일어나는
작금의 사태를 보면 신의 노여움이
극에 달한 듯합니다
고래 싸움에 새우등 터지듯
신들의 전쟁에 인류가 희생양이 되어야 하는가요
인류가 의지하는 수많은 신들께서
인류를 구원하기는커녕
심술궂은 어느 신이 해코지하는 것을
팔짱 끼고 구경만 하는 것인지
아님 불구경하듯 구경났다고 흥미로워하는

것인지 도대체 알 수가 없습니다
하늘 신 땅 신 모든 신들께서는
당신들이 주관하는 분야의 곳곳에서
제 할 일을 똑바로 해주십시오
사람의 목숨 하나쯤이야 하는 생각으로
사태를 허투루 여기지 마시고
미쳐서 날뛰는 망나니 신이 있거든
난동 부리지 않게 해 주십시오
불에 태우고 물에 잠기게 하고
지구가 몸살을 앓고 있습니다
어떤 노여움 때문인지 알 수 없으나
두 눈 크게 뜨고 내려다보십시오
비는 때때로 비로 내려주시고
바람은 살랑바람으로 불게 하시고
사람들의 마음엔 꽃이 피어나게 하여 주시옵소서
사람이 사람을 능멸하지 않게 해 주시고
안하무인 기고만장한 족속들에게는
따끔한 맛을 보여주십시오
신이시여
부디 그리하여 주시옵소서

## 겨울밤 인사


긴 꼬리 늘어뜨린 동짓달 긴긴밤에
스며든 어둠만이 옆구릴 간질이니
불면이 친구라 하며 텅 빈 속을 헤집네

어차피 혼자이니 이 밤을 친구 삼아
어둠의 노래라도 목청껏 부르고파
이 마음 가다듬으니 사방천지 고요뿐

어둠과 고요만이 내 곁을 맴도는데
나는 또 어이하여 윗소리 치고픈가
오늘도 어제만 같길 그렇게들 빈다지

## 새해의 기도

새해엔 푸른 나무의 꿈처럼
더 맑은 눈동자로
당신을 읽을 수 있게 하소서

새로이 시작하는 모든 꿈들이
더 높이 비상하게 하소서

나아가는 길이
비록 고독의 길일지라도
빛을 잃지 않게 하소서

내가 쓰는 모든 시가
이 세상을 비추는
등불이 되게 하소서

김현희 제5시집

# 옹이박이

초판1쇄발행 2024년 3월 1일

지 은 이  김현희
펴 낸 이  양상구
디 자 인  김초롱
펴 낸 곳  도서출판 채운재
주    소  우) 01314 서울시 도봉구 시루봉로 15라길
          38-39 301호
전    화  02-704-3301
팩    스  02-2268-3910
H . P    010-5466-3911
E.mail   ysg8527@naver.com

ISBN: 979-11-92109-63-3(03810)    정가 12,000원

@김현희 2024
* 이 책은 저작권법에 따라 보호받는 저작물이므로 무단전재와 무단복제를 금지하며 이 책의 내용 전부 또는 일부를 이용하려면 반드시 저작권자와 도서출판 채운재의 동의를 받아야 합니다.
* 파손 및 잘못된 책은 구입처에서 교환해 드립니다.